LA LUZ EN LAS CIUDADES

LA LUZ EN LAS CIUDADES

MAR BUSQUETS–MATAIX

XXIII PREMIO INTERNACIONAL DE POESÍA

LEÓN FELIPE

Colección Generación del Vértice, 224

LA LUZ EN LAS CIUDADES

PRIMERA EDICIÓN: AGOSTO, 2025

Con la colaboración de

FUNDACIÓN
CAJA RURAL
DE ZAMORA

© De la edición: Ed. CELYA
Apdo. Postal 1.002 - 45080 Toledo
Tel.: 639 542 794
celya@editorialcelya.com
www.editorialcelya.com

Imagen de la portada:
Hipótesis de la aurora
Juan Carlos Mestre
Aguafuerte iluminado a la acuarela, 2025

ISBN: : 978-84-19933-16-4
D.L.: TO 177-2025

Imprime CELYA

XXIII Premio Internacional de Poesía
LEÓN FELIPE

ACTA DEL JURADO

Reunido el Jurado del XXIII Premio Internacional de Poesía LEÓN FELIPE convocado por el Ayuntamiento de Tábara, lugar de nacimiento del poeta León Felipe, y por la editorial CELYA en colaboración con la Fundación Caja Rural de Zamora, el jurado estuvo presidido por Antonio Juárez Núñez (alcalde de la villa de Tábara) y por Francisca Gutiérrez del Río (concejal de Cultura), y compuesto por los siguientes poetas ganadores de convocatorias precedentes: Enrique Villagrasa, Santiago Sastre y Aitor Francos, así como por la profesora y poeta María Antonia Ricas Peces, por Joan Gonper −gerente de la editorial CELYA− y por el profesor y poeta Jesús Losada, ambos como co-directores de este premio, acuerda otorgar por unanimidad el Primer y único premio al libro Nº 377 de los 483 trabajos poéticos presentados al certamen, cuyo título obedece a:

LA LUZ EN LAS CIUDADES

que una vez abierta la Plica resulta corresponder a:

Mar Busquets-Mataix

El Premio consiste en la edición del libro ganador, la donación de 100 ejemplares del libro, y la entrega de Diploma y Trofeo, y se hará efectivo durante el mes de agosto de 2025.

En Tábara, a 16 de agosto de 2024

A mis hijos, que son la luz en mi Ciudad.

*A Jaime, compañero, músico y compositor
por llenar mis tardes de belleza al piano.*

A mi madre, que siempre nos ilumina.

*A todos los poetas, hombres y mujeres que
lucharon por dar un poco de luz a este mundo.*

I

MUROS

NOMBRES EN LOS MUROS

(A propósito de los versos de Miguel Hernández que fueron
borrados en el cementerio de La Almudena)

> *Huir tiene frío y en la piel de su vientre*
> *resuenan palabras graves valor asombro lluvia.*
>
> GUADALUPE GRANDE AGUIRRE

> *Todo está lleno de ti,*
> *y todo de mí está lleno:*
> *llenas están las ciudades,*
> *igual que los cementerios*
>
> MIGUEL HERNÁNDEZ

I

Los poetas son como ciudades;
ciudades a la deriva
que te descubren un mundo
siempre nuevo
que nunca pensaste
                    podría existir.

Algunos poemas son como ciudades
                              solitarias,
repletas de ecos antiguos
y palabras
        que ya no conocemos

escritas en los muros
donde leo tu nombre
como una constelación:

el origen, la luz
                    y en medio
la violencia
                    que irrumpe
imponiendo el miedo.

Leo tu nombre,
te busco tras él,
promulgado en piedra,
letras tan sencillas, ahora armas
para desarmar lo oscuro,
tan oscuro
como la sombra
que te tapara por siempre.

Dónde encontrarte ahora
cuando solo tenemos
tus poemas;

ese fragor de vida mutilada
en el ruido del mundo
donde la luz acaso sea

don de la luz.

MUERTES COTIDIANAS

I

> *nadie abandona su hogar a menos que el hogar*
> *te persiga*
> *fuego bajo los pies*
> *sangre caliente en tu vientre*
> *no es algo que hayas pensado hacer*
> *hasta que el filo gastado amenaza*
> *tu cuello*
>
> Warsan Shire

Cuando uno recoge sus cosas
deja la cama hecha
los sueños bien guardados;
　　　　　La cama,
　　　　　los sueños
　　　　　　　　en los que te deshacías
　　　　　mucho antes
　　　　　de ser hambre.
Cuando uno recoge sus cosas
　　　　　nunca sabe adónde,
　　　　　a qué espejo,
　　　　　a qué mar
　　　　　ni por cuánto tiempo.

II

Verás cielos en fuga
verás no ver
y llorarás

RAÚL ZURITA

El nombre que no tuve nunca;
muerte, pájaro, vuelo
el nombre azul
           en el horizonte
cuando te vi partir
en qué avión,
en qué puntito en el cielo
indistinguible
¿inextinguible?
cuando lo miro.
El nombre azul de todas las cosas
como estrella
–estrellada mano–
        o cuchillo.

III

Mi voz se ha perdido en las esquinas
Del aire y del olvido.

ANA MARÍA MARTÍNEZ SAGI

El nombre que no tuve nunca
junta esquirlas,
amanece en los otros,
despoblados y oscuros,
y vuelve de la mano
                    al silencio,
ya grito unánime,
indivisible
        viajero

            de la eternidad.

IV

Pero hay palabras
escritas en los muros
y en las cumbres nevadas en lo alto,
donde no existe el tiempo:

>   *(Verás cielos en fuga*
>   *Verás no ver*
>   *Y llorarás).*

Palabras que son vuelo
en el viento
                y cruzan
altos muros,
se alzan más extensas
por los acantilados
donde nadie las alcanza
convirtiendo en aire
                        toda piedra
tocada con el verbo,

> *ya grito unánime*
> *(Verás cielos en fuga*
> *Verás no ver*
> *Y llorarás).*

y, de pronto, el silencio

conmovido.

V

Y de pronto el silencio;
el aire conmovido, el grito
frágil
           como los caballos de la muerte
viajeros de qué
                      desconocida
                            eternidad.

VI

Porque todas las palabras eran pájaros
                              asombrándose;
pequeños cántaros
para llenar la vida
                  o vaciarla;
saciarse de llanuras
donde acaban los cuerpos;

ese era el misterio de la muerte;
que nunca
              la podríamos habitar
como ella
              nos había habitado.

VII

Norma que agita igual carne y lucero
traspasa ya mi pecho dolorido (...)
Oye mi sangre rota en los violines

FEDERICO GARCÍA LORCA

Cómo cruzar el mar
cuando no llevo nada
                    en las manos.

Cruzar, perecer,
acabar empujados
en medio de las olas
como certeros dardos.

Cómo soslayar este abismo;
adentrarse
        en la penumbra,
restituir
        la calma
y abrir de par en par
el lenguaje alado de los cuerpos

como si nunca hubieran existido;
como si este mundo nunca
hubiera existido.

Como si yo nunca
hubiera existido

en este mundo.

AVIONES EN AFGANISTÁN

Huir tiene el olor de la esperanza,

GUADALUPE GRANDE AGUIRRE

no saltar los puentes del tiempo
hacia un pasado que me abruma

JOSÉ HIERRO

Cabalgan en nubes
los últimos aviones;
perplejidad.

Solo queda saltar
sin forma de esperanza
—sombra de ala—,
porque los pájaros
nos enseñaron el canto,
pero nunca el vuelo
y no podemos alejarnos
porque un viento se llevó
el último don de la alegría
y los cuerpos celestes
cayeron del cielo
          como fardos

cuando llegaron

los caballos de la muerte.

¿Qué niño podrá nacer
de la carne del hambre
cercada de sombras
que nadie apaga?

II

PUENTES

LAS PALABRAS

Cómo nombrar la vida
con materia tan leve

JOSÉ INIESTA

Las palabras,
pluma de tiempo,
                    puentes,
centellean
tras los giros de la luz,
                    en los versos
como piedras preciosas,
                    levedad inmaterial,

tan oscura.

SOROLLA, PUENTES DE LUZ

Cómo pasa la luz;
desde qué urdimbre
la veladura de la luz,
el blanco plomo.

Cómo pasa
              que acaricia
la esbelta noche
              de los puentes
que nos lleva
por todos los matices
del silencio;
colorido fragor,
viento abriendo el sentido,
que nos eleva y grita,
por el que descender
hacia esa luz primera
              de tus lienzos
que la mirada bañan

de esos blancos
                    purísimos,

–también hoy *el mar tiene el nombre*
                    de todos sus ahogados.

EL MAR TIENE EL NOMBRE

I

pero se supo que la sexta luna huyó torrente arriba
y que el mar recordó ¡de pronto!
los nombres de todos sus ahogados

FEDERICO GARCÍA LORCA

Y el rostro que persigo
morirá en el espejo.

ANA MARÍA MARTÍNEZ SAGI

El mar tiene el nombre
de todos sus ahogados;
donde el agua araña,

         arrastra tu vestido
rojo como la sangre
en los labios oscuros
    de la noche,
cuando se agita entre la espuma
         en sus orillas
−origen innombrable−;
manos alzadas
crepitan hacia el cielo

—tanta hambre en lo alto—,
       leves.

Porque
el agua nos devuelve
los ojos encendidos
       en la noche;
el perdido reflejo
en el centro del otro
—de pronto tan callado—,
y nuestros cuerpos
       se elevan,
tañido de campanas
¿hacia qué corazón?,

       como infinita espuma.

II

Por eso Amor
                    sostiene
el candor que fuimos,
amarrado
a las esquinas del mundo,
cuando te veo partir
como el navío lejano,
los caballos de la muerte
o la caricia que fuimos
–de pronto tan pequeña–,
adonde no pudimos
llegar, para encontrar
                    la aurora
con sus cuatro puñales
escondida
tras los edificios,
desde cuyas azoteas
no alcanzaré tu nombre

                    verdadero.

III

Porque te has ido más allá
del oscuro clamor
que aúlla en mis entrañas;
ya no lobezno
sino lobo de amor,
raptor de astros
que solo se serena
                   en la noche callada
alcanzada de preguntas:
        dónde tu amor,
        dónde *la dulce queja*,
        dónde las manos de este mundo
legítimo y solitario
en el que nos sostuvimos
junto a los últimos pájaros
                   como la aurora;
no es la de Nueva York,
pero hay cuatro palabras
                   encendidas
que conjuran el silencio
porque el corazón se volvió rama
cuando bebemos

en tus versos, ya sangre
nuestra

      tan oscura
porque amar tiene el nombre
de todos sus ahogados.

nos traía en la mano
mil pájaros de agua, y de luz, y de gozo...

Y todo era sencillo.

CARLOS SAHAGÚN

Para decir esto es un hombre,
esto es un niño,
para decir
la vida vierte en difíciles pétalos
un haz de luz;
esa corriente imaginada
que es la palabra, canto
inmaterial
　　　　　　y celeste
para que tú vengas despacio
y te acerques al palpitar hondo,
a la leve oscuridad
de los cuerpos que se saben

y que el tiempo diluye

como la esperanza.

ALEJANDRA

«en besos, no en razones»

QUEVEDO

I

Que todo sea lluvia;
errante pájaro,
aleteo
en los tejados altos
ahora que hemos aprendido a volar
　　　　　　　　como las aves leves
y entonces,
el agua nos disuelve
　　　　　　　　–cuántos ángeles
quisieron acercarse
de la vida a su fulgor–,
luminaria prendida

　　　　　y delicada.

II

Del combate con las palabras ocúltame

A. Pizarnik

De la vida a su fulgor,
dónde la nuestra
desde qué orilla,
abrumados de tiempo
y de silencio,
      cuando estamos
des-hechos en la lluvia
que nos multiplica
en los espejos del agua
donde se ahogan los hombres
cuando no entiendo la vida,
su aleteo de pájaro
y me lanzo al abrazo im-posible
de las caracolas de mar
que es real aunque incierto
           y constante.
Que todo sea lluvia,

que lave las palabras
                    las heridas

y el silencio.

III

Y apaga el furor de mi cuerpo elemental

A. Pizarnik

Vívidas y claras,
                las palabras
celebran
       el fulgor;
allí va tu sangre elemental,
tu cuerpo elemental
          en fronteras piadosas
y el brillo de tu alma;
pedazos de viento,
        cuerpo arriba,
alas altas del mar
         que desconozco.

Allí va la sangre
         de tu cuerpo elemental,
los vívidos parajes
cuando me adentro en la noche
y desciendo

tras el velo azulado
de la voz de los poemas
−brillantes y diamantinos

                              ecos−,
con el furor de la pequeña muerte,

abismada y clara.

IV

Toda la sangre me cabalga
                        adentro
como jinetes de luz
en esa muerte
abismada y clara
y me conduce al lugar del otro,
al que nunca se llega
si no es con las manos.

Y ahora las palabras
                como arena,
me amanecen,
mientras crece en mí
                        un canto,
hilvanado a las guitarras
                        oscuras
de la soledad,
porque
        del combate de los cuerpos
                                cómo salir.

Libérame.

V

Del combate de los cuerpos
                    libérame
pues nada puedo en él,
                    y todo lo puedo,
que ya he partido el fruto
para encontrar la aurora,
la semilla de plata
que se agarra a la tierra
como yo nunca pude
porque vivo en los árboles
                    y amanezco
para cambiar el nombre
                    de las rosas.

Del combate de los cuerpos
                    Libérame.

PALABRA SOMOS

> tus vecinos corriendo más rápido que tú
> aliento sanguinolento en sus gargantas
> el chico con el que fuiste a la escuela
> el que te besó tontamente tras la antigua
> fábrica de latas
> está sosteniendo un arma más grande
> que su cuerpo
> sólo abandonas tu hogar
> cuando el hogar no te permite quedarte.
>
> WARSAN SHIRE

I

La palabra somos
brinca agitada,
          distinta
se amarra
     con las manos
antes de nacer;
es la palabra un sortilegio
          defendido,
la nieve misma.

II

Las palabras nos parten por mitades
en el tiempo de la soledad
junto al cáliz luminoso
                    de los días,
cuando estamos
cuando no estamos

cuando acaso somos.

III

Somos palabra,
                    puentes,
aleteo de luz
y todas las preguntas
nos arden
porque palabra somos
y estamos en la tierra
                    inalcanzable

que no nos pertenece.

UCRANIA, 25 de febrero de 2022

Nadie está si no es consigo
en el momento del espanto

CARMEN CONDE

Hoy los puentes
                caen
como nuestros sueños,
                    y recuerdo
las manos de mi padre,
que tomaron el pan,
que partieron el pan,
                  y que amaron
la constelación de puentes
abrazando la ciudad
como hombres
que se dan la mano.

Hoy miro las manos de mi padre
que empuñan un arma
como antes
tomaban
                el pan
en el país donde el trigo
es tan caro.

III

CIUDADES

I

Algo tiene en sus alas este lugar que cuando uno
se sube en ellas no puede quitarse de su vuelo

ÁNGELES MASTRETTA

Está armada la ciudad;
la gente se precipita
         hacia algún vacío
como un río que pasa
y puebla calles.

Está vacía la ciudad;
esta semana fueron tres,
otras veces más,
aunque nadie lo sepa,
nadie nadie,
cuando desde lo alto,
desde los edificios más altos
los espíritus planean hacia abajo,
              noche adentro,

perdidos los colores y la voz.

II

Y la ciudad se abrió
para que descendieran
                    los ángeles;
los últimos ángeles
                    ardidos
frente a la casa;
las ventanas de pronto luminosas,
la llama,
        el fuego

            y el silencio.

III

Y la ciudad se abrió,
quebrada piel;
el humo en los tejados;
el futuro en el borde
                    de tus dedos,
en las manos del agua,
«mira cómo se desvanece»

como tus sueños,

tan pequeños de pronto.

IV

Porque acaso las manos
                    pueden
alcanzar una orilla
        donde vivir acaso,
                    –despertar–,
        cuando vivir acaso,
                    –despertar
                    de esta noche–
se vuelve contra ti.

Cuando enciendes los días,
y te prendes, arrodillado
al arrullo
de las ultimas olas,
quedo en este ángulo
donde la luz viene
te baña
        y diluye
hasta llegar a Dios.

V

Y de pronto el silencio;
el aire conmovido, el grito
                    frágil
como los caballos de la muerte.

*Dentro de cien años todo se habrá
acabado*

Knut Hamsun

La tierra.

Deshilachada voz
la tierra que pisamos,
fértil y única;
esta
       que nos vio nacer
       y dibujará los últimos deseos,
esta
       quieta y legítima,
ahora tan lejana
como las mariposas
que imagino
posándose en tu pelo

o la eternidad.

LA PALABRA Y SU FULGOR

La palabra;
fulgor
        cuando paso,
        desabrocho y camino
        cerca de las praderas últimas,
        de las palabras últimas
        para defender la tierra

que no nos pertenece.

IV

ROSAS

MARGA

I

Salta entonces el alma
con su verdad gloriosa, amparándome.

María Cegarra

«...Y es que...
Ya no puedo vivir sin ti
no... ya no puedo vivir sin ti...
...tú, como sí puedes vivir sin mí
...debes vivir sin mí...».

Marga Gil Roësset

Perdí
por un poco de luz
que me abismara;
pasión que todo lo principia
amor que todo lo diluye,
amor que todo lo principia
pasión que todo lo diluye;
agujas verticales
            hacia el cielo
avistando bosques y penumbras
levantándonos,

gloriosas velas,
palabras
en las que nunca me reconocí
y menos comprendiera.

Libérame.

II

Me tomas de la mano
como si en ese pequeño gesto,
                              tan preciso
pudieran con-fundirse
nuestros cuerpos;
la levedad, los paraísos,
la vida desplegándose
                    como ahora
cuando me entregas
tu mano.

Verdadero gesto este
en el que te recoges,
me recoges
        cuando, aun vencido,
renuncias a la piel
que nos conmueve.

Cómo no ser un ángel.

III

E verrà la norte
E avrà i tuoi occhi .

C. Pavese

Y de pronto, el silencio;
ya no hay palabras
que puedan sujetar
el aire conmovido, el grito;
solo el silencio
        vivo
                como la muerte
        duro
                como la muerte
        frágil
                como los caballos de la muerte.
Ya no hay palabras
solo pequeñas sílabas
que se desvanecieron
cuando la oí llegar.

DIGO MADRE

Y entonces digo madre
(no teta, no caldo, no amor),
                            sino madre,
palabra que entraña
                    calor de entrañas
derramando al mundo frutos
                        anhelados, misteriosos.
Y esa voz matinal, campana inquieta
nos habla y mira
como si nunca hubiéramos de morir
–aunque no la comnprendamos–
porque tampoco nosotros comprendemos,
mientras se cuaja la noche de rocío
y estalla en mil aromas

                    el enigma.

POEMA A NADIA, POETA Y MADRE

No soy un débil árbol de álamo
que cualquier viento va a sacudir.
Soy una mujer afgana,
así que sólo tiene sentido para gemir.

NADIA ANJUMAN – AFGANISTÁN

Nombro la sed;
querer respirar hondo,
tomar la primavera con las manos
y ser
no menos que amapola
                    del camino.

No sed de amor, no de dulzura;
sed de ser.

Nombro el fuego.
Nombro los vestigios de vida,
el tiempo que no tuve
deslizándose
por la piel nueva y tersa de mi hijo;
por sus primeros pasos
ya muslos sombríos.

¿Dónde andará la tarde?
¿En qué paisaje lunar?
¿En qué campana muda?

Nombro el dolor
                y las lágrimas,
nombro la pena
y la rabia cosida a mi piel,
labrada de esperanza,

nacida para el miedo.

TRECE ROSAS

A Tina Guillén

6-8-1939

¿Qué puede una mujer, para que sirve,
una mujer gritando entre los muertos?

ÁNGELA FIGUERA AYMERICH

Nacieron de mujer.

Trece nacieron
                    una a una
en un país de hambre
                    y de pobreza.

Trece quisieron
                    sentirse vivas;
rozar la dignidad
que promete la sed,
abrir los ojos.

Trece quisieron
blandir su alma

hacer más luminoso
su camino,
desterrar hambre
               y agonía
y fueron ellas
               las desterradas.

Más de trece ya somos
quienes gritamos sus nombres,
banderas encendidas,
más allá de este aire
y del polvo que seremos.

Trece las rosas
que alumbran mi ciudad,
donde el recuerdo vence

               a la violencia.

ÍNDICE